I0789328

SI ESTAIS PREPARADOS NO TEMEREIS

ISBN-13: 978-1975654894

ISBN-10: 1975654897

Palabras del autor

Aclaro que este libro es solamente un prefacio de tantas cosas que se pueden hacer, no es un manual de guerra y calamidades, ni es revisado por ningún organismo oficial, está basado en mi conocimiento teórico y práctico, por consiguiente, no soy responsable de su uso y consecuencia; sin embargo, espero que sea de utilidad y sirva como una guía para alguna calamidad que pudiera ocurrir, no obstante, es mi deseo que los representantes de los gobiernos del mundo tengan la habilidad suficiente para resolver cualquier conflicto mediante el diálogo y el buen entendimiento y que en caso de guerra que en la actualidad sería de consecuencias muy graves se construyan bunkers colectivos y se preocupen por la seguridad de la gente que gobiernan, proporcionando lo elemental para sobrevivir a una catástrofe nuclear.

Hector R. Briceno

Contenido

Si estáis preparados no temeréis

En tiempos de Guerra

Las guerras han existido siempre, y de acuerdo con las narraciones bíblicas parece que fue el arma que Dios utilizó más contra los enemigos de su pueblo elegido. Ya existían antes de la fundación del mundo, de acuerdo con el libro de Apocalipsis en el capítulo 12 habla de la gran batalla en el cielo donde Miguel, el arcángel luchó contra Satanás y sus seguidores.

Durante el desarrollo de la historia ha habido cientos o miles de guerras sobre la faz de la tierra. Destaca las guerras púnicas, y las Guerras Napoleónicas y las guerras de las cruzadas, guerras que se llevaron a cabo durante un período de casi 200 años, entre 1095 y 1291, también han destacado pueblos guerreros como los espartanos, los vikingos, los mongoles y los romanos entre otros.

La Primera Guerra Mundial se libró especialmente en los campos de batalla, las tropas beligerantes cavaban trincheras, muchas de ellas ingeniosas con escondrijos pequeños camuflados para esconderse en casos de ser vencidos, estos refugios, eran secretos y no del conocimiento de toda la tropa, ya que no formaban parte del plano original de una trinchera que, en muchas ocasiones eran hechas a la carrera y con desesperación, mientras las balas enemigas surcaban el aire sobre la cabeza de los soldados.

En la antigüedad, la guerra se definía por el grueso de los ejércitos, por la cantidad de fusiles y el armamento pesado, pero, sobre todo, por la valentía de los soldados y la estrategia de los jefes militares.

No obstante, en tiempos pasadas cuando hablamos de épocas de guerra, se trataba de tiempos de carencia y por ende de hambrunas y más aún cuando duraban años. Los países envueltos en la segunda guerra mundial resintieron la escasez de alimentos, pero en Austria, Rusia y Alemania, se llegó a la desesperación.

Durante la Primera Guerra Mundial y debido a huelgas y revueltas se acabó el carbón, las cosechas se perdían, tal como fue el caso de las papas, alimento básico para las tropas y la población; si bien, éste fue sustituido por los nabos, los alimentos escasos y bajos de calorías hicieron estragos entre las tropas durante la época invernal.

Esta guerra también se caracterizó por el gran número de deserciones, inclusive compañías con sus comandantes, los soldados desertaban a pesar de que la deserción era considerada como traición a la patria y ameritaba la pena máxima. Así mismo, fue una guerra cargada de enfermedades y la primera en la que se utilizó gas venenoso y hasta entonces la que trajo la mortandad más grande, más de 10 millones de seres humanos perdieron la vida, ya en las filas como por la hambruna y enfermedades.

La Segunda Guerra Mundial fue otra guerra famosa y la beligerancia más grande de nuestra historia; se desencadenó en Occidente por la arremetida militar de las tropas de Alemania contra Polonia y en la tierra del sol naciente, la invasión de China y de las colonias neerlandesas por las tropas japonesas, y por último la agresión a la base naval de Pearl Harbor ubicada en Hawái el 7 de diciembre de 1941, dando inició al principio del fin.

Más de veinte millones de vidas se perdieron a causa de la Segunda Guerra Mundial. No solo murieron los soldados en los campos de combate, también muchos civiles incluyendo mujeres y niños, fueron muchos muertos y desaparecidos en las ciudades grandes por los efectos destructores de los ataques aéreos, por el hambre, las pestes y los tormentos a los que fueron sometidos en su calidad de prisioneros de guerra.

A estas guerras le han precedido otras de menor magnitud; no obstante, también de consecuencias graves para la población que padece el efecto postguerra, pero ¿cómo podríamos prepararnos para evitar las hambrunas y pestilencias ocasionadas por las beligerancias?

Aunque estas guerras obedecen a muchos factores y en algunos de ellos no está a nuestro alcance evitarlos, podemos prevenir de manera personal y también colectiva.

Debemos oponernos al sistema dictatorial y desechar el Nazismo y el totalitarismo, también ejercer nuestro derecho al voto y escoger con mucho cuidado a nuestros gobernantes, tener un alto sentido de la libertad, en lo político expresando nuestras ideas en bien de nuestra comunidad y del buen gobierno.

No obstante, que vivimos bajo una amenaza constante de guerra, ya no sería una guerra de bayonetas y fusil, ni de tanques y aviones peleando en el espacio, sería una guerra de proporciones inimaginables, una guerra nuclear con ojivas enviadas con cohetes controlados electrónicamente de continente a continente y aunque aún no es un comentario habitual, se nota que los pueblos del mundo viven con un temor constante de una guerra nuclear.

Existen diferentes tipos de armas nucleares, el arma nuclear básica es la bomba de fisión o bomba nuclear y la bomba de fusión o bomba termonuclear más desbastadora que las bombas arrojadas el 6 de agosto de 1945 sobre Hiroshima y Nagasaki, para protegerse del efecto radioactivo y la ola de calor de estas bombas se requiere de un refugio seguro que en todo caso sería un bunker.

Aunque se sabe de compañías constructoras de búnkeres, adquirir uno de estos refugios está muy lejos del alcance del pueblo en general, ya que es casi imposible que alguien que está cubriendo la hipoteca de su casa se diera el lujo de construir un búnker, sin embargo, es posible que mucha gente tenga refugios de seguridad, pero nada comprados con un búnker; además, la gente común que carece de refugio desearía al menos contar con un equipo anti radiación, el gobierno, quien sería el causante de una guerra de tal magnitud, debería de dar al pueblo todo el equipo de protección necesario y en caso de no poder costear ni dar créditos para búnkeres, el mismo gobierno como si se tratara de construir parques de diversión, le corresponde hacer cierta cantidad de búnkeres colectivos para que los vecinos se pudieran resguardar en caso de una guerra atómica.

No obstante, la pregunta obligada se presenta: ¿Es posible sobrevivir a una beligerancia nuclear? A ciencia cierta no se conoce, ya que algunos apuestan que el género humano resistiría y otros opinan que sería la extinción de la vida en este planeta.

Teniendo en cuenta la potencia del armamento termonuclear moderno que son muchos y que los más potentes son más poderosos que las bombas arrojadas sobre Hiroshima y Nagasaki; francamente, no concebimos completamente lo que puede suceder si miles de estas armas son detonadas sobre la faz de la tierra.

Lo que si podemos decir con certeza es que lo primero que se debe hacer es elaborar un plan de supervivencia alimenticia; ya que de efectuarse una conflagración nuclear, será imposible salir de casa en busca de alimentos; porque según los cálculos oficiales, debe uno refugiarse un mínimo de tres días (36 horas) y de ser posible por un intervalo más largo (9 a 12 días) por tanto, se debe procurar los alimentos necesarios, no olvidar los medicamentos personales (suministros médicos con receta), material de primeros auxilios a la mano, todo esto le mantendrá tranquilo y le dará la oportunidad de pensar en otras formas de sobrevivir.

Es esencial un paquete de primeros auxilios: puedes adquirirlo empaquetado o formarlo. Necesitarás analgésicos, gasa y compresas esterilizadas, crema antibiótica, guantes de hule, tijeras, pinzas, un termómetro y un cobertor

Un cuadernillo de instrucciones para primeros auxilios, aunque tengas conocimientos previos, alguien más puede necesitarlo si tú no estás: puedes adquirirlo en la cruz roja o bajarlo en línea, es importante que conozcas métodos de cómo vendar heridas, aplicar la reanimación cardiopulmonar (RCP), tratar choques nerviosos y heridas por quemaduras.

La cantidad de alimentos debe de ser suficiente para sostener al número de personas que estarán en el refugio o en cualquier otro tipo de resguardo, deben ser alimentos ricos en carbohidratos para mantener una buena fuente de energía y hasta donde sea posible, se deben conservar en un lugar seco y fresco.

Provisiones Sugeridas:

- Agua potable (un galón por persona diario)
- Barras energéticas. (suficientes)
- Arroz y sopas instantáneas o envasados de preferencia al vacío. (No se descarta el enlatado)
- Azúcar (sug. sacarosa en sobres)
- Miel de abeja.
- Cereal (Avena)
- Leche deshidratada.
- Frutas y verduras deshidratadas, frutos secos como las avellanas, pistachos y nueces.
- No olvide el abrelatas.

- (de ser posible algunas golosinas para relajar a los niños)

Comunicación

- Para estar al tanto de lo que sucede en el exterior: una radio: de preferencia que también funcione con una manivela. Si funciona con baterías, es importante tener algunas de repuesto. Si resides en USA, trata de conseguir una radio NOAA Weather Radio (NWR), la cual emitirá información de contingencia durante las 24 horas del día.
- Un silbato de sonido agudo: podrías utilizarlo para pedir ayuda.
- Un teléfono celular: Es posible que el servicio de telefonía celular se mantuviera funcionando o no, pero de cualquier manera vale la pena estar prevenido. No olvides el cargador normal y otro que funcione con energía solar.
- Transmisor-receptor HF portátil Woki Toki (walkie-talkie)

Otros artículos equipos y conocimientos que podrás utilizar.

1. Generador de energía magnético.

2. Generador de OXIGENO o Concentrador de Oxigeno.
3. Una lámpara de baterías (baterías de repuesto)
4. Mascarillas para el polvo.
5. Máscaras antigás.
6. Laminas y rollo de plástico y cinta adhesiva ancha metálica, canela, etc.
7. Bolsas grandes para basura, cuerdas de plástico y toallas húmedas.
8. Una llave universal, alicate y pinzas de corte para de ser necesario cerrar o cortar servicios como el agua, la energía eléctrica y el gas.
9. Revistas de supervivencia y superación mental.
10. Una Biblia o el libro predilecto de tu religión para leerlo en familia y recibir fortaleza espiritual.

Es prudente conocer los niveles del código DEFCON DEFense CONdition o condición de defensa, aplica en USA. De acuerdo con la gravedad de la situacio son codificados por colores y sirve para conocer la situación en cuanto a los ataques atómicos y dan tiempo para tomar decisiones.

Código DEFCON

Verde: Estado más bajo, la preocupación es mínima y todo transcurre de manera normal.

Azul: Aumento de la vigilancia por el servicio de inteligencia con el fin de aumentar la escala de seguridad, la preparación se encuentra por encima de lo normal.

Amarillo: Intensificación en los movimientos de tropas y armamento; La Fuerza Aérea está preparada para entrar en actividad en 15 minutos.

Rojo: Movimientos que anteceden a una guerra nuclear; las fuerzas armadas listas para entrar en combate en menos de 6 horas.

Blanco: Conflagración nuclear inaplazable; estado de Alerta máxima.

Qué hacer cuando se avisa de un ataque nuclear evidente.

Si aún no tienes una propiedad, recapacita acerca del lugar apropiado antes de adquirirla y piensa seriamente en construir un refugio para una guera nuclear, si ya la tienes, pero tú casa y refugio se encuentra en las inmediaciones de los siguientes sitios debes considerar buscar otro refugio en áreas alejadas.

1. Los aeropuertos y las instalaciones navales, sobre todo los relacionados con aviones, acorazados y submarinos de misiles balísticos o los depósitos subterráneos de misiles

intercontinentales (ICBM), por sus siglas en inglés, son los primeros blancos de un ataque nuclear limitado.

2. Los muelles comerciales grandes y las pistas de aterrizaje militares e internacionales, también son objetivos seguros en una guerra nuclear.
3. Los departamentos gubernamentales son blancos factibles durante un ataque nuclear limitado y blanco seguro durante una guerra nuclear.
4. Las grandes áreas industriales, las fábricas de pertrechos militares, los centros de energía y los principales núcleos urbanos están en el blanco durante una guerra nuclear.

Los avisos de geopolítica y las advertencias principales de un ataque nuclear inaplazable, posiblemente serán un aviso de guerra nuclear; de no ser así, será la explosión misma la que te lo indique, aparte de la luz resplandeciente de la explosión ya que puede observarse a muchos kilómetros de distancia de la zona cero.

Reúne a toda la familia y corran aprisa hacia el refugio. Si te encuentras en las inmediaciones de la explosión o en el lugar exacto de la explosión, tus probabilidades de sobrevivir son prácticamente nulas a no ser que estés protegido en un refugio que brinda una excelente protección contra las explosiones.

Si estás a unos quince o veinte kilómetros de distancia, tendrás unos cuantos segundos hasta que la ola de calor te alcance y quizás de 20 a 30 antes de recibir la onda de choque. por ningún motivo te atrevas a ver directamente a la bola de fuego.

En un día soleado, puede provocar pérdida temporal de la visión a grandes distancias. No obstante, el radio de la devastación es variable de acuerdo con el tamaño de la bomba, del nivel de altura de la explosión y de las condiciones atmosféricas en el momento de la detonación.

Si no logras conseguir un refugio, busca rápido un área que tenga hondonadas, un pozo o una zanja; (Una cueva es un buen refugio) acuéstate bocabajo exhibiendo la menor cantidad de piel posible. Si no encuentras algún refugio, cava tan rápido como puedas. Ya que incluso a unos diez kilómetros (6 millas) sufrirás quemaduras por calor de tercer grado y aún a 30 km (18.5 millas) de distancia sufrirás heridas térmicas. El viento, efecto de la explosión, llegará a una velocidad de 960 km/h (600 mph) arrasando con todo lo que se interponga a su curso.

Si las alternativas anteriores no funcionan, refúgiate en el interior de una constitución, esto solamente si tienes la seguridad de que la estructura es tan fuerte que resistirá el efecto de la explosión y de la temperatura. Este sitio te protegerá un poco de la radiación. La posibilidad de protección estriba de la robustez de la estructura mencionada y de qué tan cerca te encuentres de la zona cero.

Mantente lejos de las ventanas, ya que, aunque la estructura no sufra un daño importante, la explosión nuclear romperá todas las ventanas de un área considerable.

A todo esto y más nos exponemos los ciudadanos norteamericanos y la mayoría de las potencias, a menos que sea un secreto de estado, algo que no creo, ya que sería inaudito no informar a los ciudadanos de algo de tanta importancia, ¡no tenemos refugios públicos para protegerse de una guerra atómica!; no obstante, hay algunos olvidados y otros en alguna iglesia y escuela, pero no reúnen los requisitos de bunkers ni son dados a conocer oficialmente.

Si vives en Suiza o en Finlandia, lo más probable es que tu casa tenga un refugio atómico. Si no lo tuviera, ubica el punto donde se localiza el refugio atómico de tu comunidad y busca la ruta más rápida para llegar ahí. Ten en cuenta que en cualquier lugar de Suiza podrás hallar un refugio nuclear.

De ningún modo te sientas derrotado ni pierdas la compostura, recuerda que tú eres responsable de tu familia y de todos aquellos que te acompañen. Tu carácter, perseverancia y estado de ánimo será fundamental para conservar la unión, armonía y esperanza, valores fundamentales en estos momentos de duda e inseguridad.

A continuación, se exponen otras maneras de prevención, la finalidad es la misma, estar preparados para cualquier contingencia.

Se exponen formas de aprovisionamiento y conocimientos básicos que podrían ser aplicados para subsistir también en tiempos de guerras o catástrofes.

En tiempos de Paz

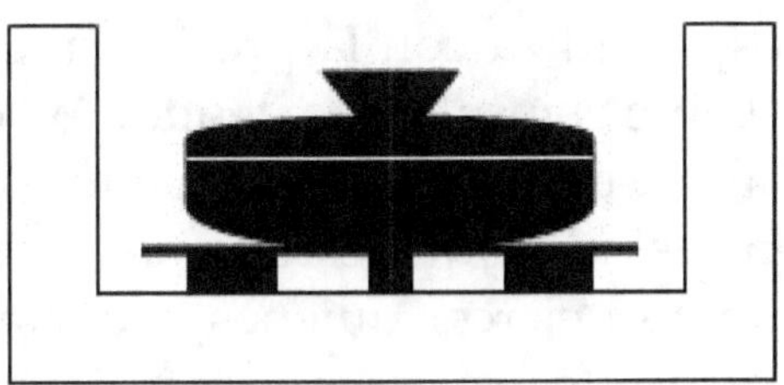

En 1929 inicio una crisis económica que afecto al mundo y se prolongó por toda una década, acrecentándose cinco años después de su inicio, estas crisis están ejemplificadas claramente en la Biblia,[1] generalmente preceden a épocas de abundancia y frecuentemente son consecuencia de la mala administración de los bienes materiales, ya que, se emplean en actividades no productivas.

Este ejemplo se aplica a las naciones y también a cada individuo o familia, su consecuencia es nefasta y afecta a todos aunque unos lo resienten más que otros, sucede esto, debido a que, los que realmente son ricos, por temor dejan de invertir acrecentando el conflicto y por ende dejan de tener las mismas utilidades, los ricos ficticios o sea, quienes han tomado créditos para tener fortuna, ven como cada día "su dinero" se

---

[1] Génesis 41 (Todo el capitulo)

volatiza llevándolos a la bancarrota, a la cárcel o en el peor de los casos al suicidio

La desesperación y angustia que ocasiona la falta de circulante o de otras cosas para solventar los problemas se agudiza con la presión que ejercen los acreedores sobre el insolvente deudor, o por la falta de dinero para conseguir lo que necesitamos, esto no se puede evitar debido a que este es la técnica principal que acostumbran ejercer quienes necesitan recuperar su dinero, pero ante una crisis económica ellos también tiemblan y sus exigencias aumentan, no obstante, existen acciones preventivas para hacer frente a tan desventurada situación, así como una serie de pequeñas técnicas que a veces desconocemos o por las mismas circunstancias nos bloqueamos y caemos en el montón de angustiados, esto es porque dependemos en gran manera de otros o sea que no somos autosuficientes, aunque para lograr una autosuficiencia al 100 % es difícil, no es imposible y mientras la alcanzamos mantenerse en un nivel medio marca una enorme diferencia sobre aquellos que dependen de otros al 100 % ¿Pero, como hacerlo? Es una tarea que debe de empezar de inmediato y en caso de llevarla a cabo continuar con el propósito de autosuficiencia y protección ante catástrofes naturales y las ocasionadas por el hombre; por otro lado, el propósito de este texto es: motivar a quien tenga la oportunidad de leerlo para estar preparado en tiempos de guerra y en tiempos de paz.

Siguiendo los consejos que aquí se presentan no vamos a evitar la crisis ni sus consecuencias, pero la podremos sobrellevar mucho mejor que otros las consecuencias de una recesión, esta situación de seguridad es la que se llama estado de autosuficiencia y debido a que por muestra situación mejor que la de los demás, podemos pensar mejor y puede darnos la oportunidad inclusive de sacarle provecho a la temida depresión económica. Si utiliza los términos señalados en este texto podrá mantener un almacén de alimentos que le permitirá proveer para su familia en caso de ser necesario, así mismo adquirirás conocimientos de cómo utilizar la energía solar, obtener agua donde no la hay, purificarla y muchas otras cosas que te permitirían sobrevivir en caso de emergencia.

A continuación, mencionaré algunas de la Técnicas y conocimientos que han sido probados con eficacia.

En primer término, siempre y durante época de crisis económica no hay que iniciar ningún proyecto sin planearlo cuidadosamente y tener la seguridad de contar con los recursos para terminarlo con éxito, de lo contrario, se quedaría su propósito a medias, tal como sucede con la construcción de viviendas en los países subdesarrollados y en último caso, acarrearía la burla de quienes lo creyeron solvente para terminar su proyecto.

Si se tiene un empleo fijo durante la época de crisis, sea muy cuidadoso al pretender cambiarlo por otro donde le ofrezcan ganare más, ya que, aunque es factible, la posibilidad de que este nuevo trabajo sea permanente es escasa y existe el peligro de caer posteriormente a un nivel de ingresos más bajo.

No debemos vivir "al día" es necesario utilizar parte de nuestro presupuesto para mantener un pequeño ahorro y un almacén de provisiones que nos "saque de apuro" en caso necesario, cuando los ingresos son escasos la operación hormiga es aconsejable para llegar a tener alimento y agua para satisfacer nuestras necesidades en épocas de carestía.

Mantenga el hábito de ahorrar un 10 % de lo que gana, no se deje engañar por el fantasma del pesimismo "la vida es cara y no me alcanza para ahorrar" eso es solo un prejuicio de los que no tendrán nada para disfrutar su futuro, mucha gente de edad madura disfruta esos años dorados con la experiencia que da la madurez, debido a que, ahorraron en tiempos pasados cuando "la vida era cara y a otros no les alcanzaba para ahorrar".

Vale la pena aclarar que ha habido épocas de escasez tan duras que el dinero pierde su valor, no se puede comprar nada, ni siquiera poseyendo oro o preciadas joyas, solo sobrevive aquel que conoce los secretos de supervivencia y autosuficiencia.

Educación:

Cuando tenemos un conocimiento de todas las cosas, adquirimos sabiduría que nos hace aptos para tomar buenas decisiones, ya que, somos capaces de comprender la verdad y el error.

La educación es la clave para el crecimiento personal, la preparación para un empleo adecuado, ser familias fuertes en todo momento, tener la capacidad para servir a nuestros semejantes y nos da la capacidad de hacer una contribución significativa a la sociedad en que vivimos.

Consideremos el sabio refrán que dice: nunca es tarde para empezar podemos volver a la escuela a cualquier edad, debido a que la búsqueda del conocimiento es un proceso de toda la vida, no debemos avergonzarnos de tratar de adquirirlo en cualquier momento, quizás por alguna circunstancia no estudiamos o dejamos a medias nuestra preparación, retomemos la escuela y logremos lo que ya creímos perdido, no será una vergüenza, es todo lo contrario, seremos un ejemplo para aquellos jóvenes que han dejado los estudios por considerarse "demasiado viejos"

En cuanto a los hijos debemos Preponderar su educación, es muy importante y no debe de suspenderse bajo ninguna circunstancia, ya que, las crisis económicas, aunque dejan secuelas, no perduran para siempre, pero el individuo que no se prepara permanece ignorante toda la vida.

Tarjetas de crédito:

Habitualmente las tarjetas de crédito mal utilizadas afectan la estabilidad económica de las personas que no son solventes, por tal razón siga los siguientes consejos que le serán útiles:

Debes evitar la deuda total de tu tarjeta de crédito, utiliza solo una cantidad que en caso de necesidad puedas pagar con el 25 % de tu ingreso mensual.

Antes de contratar una tarjeta de crédito compare con las demás ofertas del mercado bancario.

Debemos planear todos nuestros gastos y los ingresos de manera que esté incluido el pago de la o las tarjetas de crédito sin que aumente la deuda, teniendo en cuenta los gastos que se hacen solo una vez al año, tales como impuestos, seguros etc. Tenga en cuenta que generalmente con las tarjetas de crédito no se tiene conciencia del endeudamiento y es para la mayoría de los consumidores una manera de endeudarse sin saberlo ni sentirlo, es importante eliminar cada mes la deuda de la tarjeta de crédito, si no eres ordenado y no alcanzas hacerlo los altos intereses te comerán y sin duda pondrán en riesgo tu situación financiera, limita el número de tarjetas y en tiempos de incertidumbre, **elimina la deuda de tarjeta de crédito.**

Una recesión economía puede ser provocada también por otros factores independientes a la mala administración de los bienes en épocas de abundancia y puede ser tal su magnitud que traen consigo Hambrunas de consecuencias inimaginables, estas hambrunas han sido comunes a través de la historia de la humanidad, no obstante, también hay un tipo de hambruna llamada hambruna artificial ya que es debido a la insuficiencia de alimentos provocada deliberadamente.

La primer hambruna que se tiene conocimiento está registrada en el libro de génesis en la Biblia y fue de consecuencias muy graves ya que según las escrituras afectó a un gran número de países de aquella área geográfica, mencionada en la Biblia como toda la tierra, obligó al patriarca Abraham y a su parentela buscar refugio en Egipto, los hebreos eran seriamente afectados en épocas de sequía, ya que, en Palestina, las cosechas dependían de las lluvias, pero en Egipto las cosechas eran regulares y seguras, porque las crecidas del río Nilo inundaban periódicamente los campos de cultivo tornándolos húmedos y fértiles; Documentos egipcios antiguos atestiguan que cuando había hambre en Canaán, muchos extranjeros iban a Egipto a comprar trigo, y frecuentemente se quedaban ahí a vivir con sus familias en calidad de refugiados.

Posteriormente hubo otra hambruna en la tierra Palestina, Isaac el hijo de Abraham se refugió en Gerar tierra de los filisteos donde se había establecido

Abraham después de salir de Mamre, en excavaciones con fines arqueológicos se han encontrado depósitos de granos en un lugar identificado como la bíblica Gerar ubicado a poco más de 14 kilómetros al sur de Gaza dando evidencia que la ciudad había servido como depósito de alimentos en el periodo persa.

Tiempo después se cernía sobre la región otra hambruna, fue cuando José el hijo de Jacob y Lea fue vendido por sus hermanos a unos mercaderes Ismaelitas, quienes a su vez lo vendieron en Egipto a Potifar jefe de la guardia del Faraón, por preservar su castidad y respetar a la esposa de su señor fue puesto en la cárcel, ahí descifró los sueños del copero y del panadero del Rey, en esa época el Faraón fue advertido de una gran sequía que precedería a siete años de abundancia en simbólicos sueños que no podían descifrar los mejores magos del imperio faraónico, pero José el hijo de Jacob los descifró, debido a esto lo hicieron gobernador de Egipto y bajo su dirección aprovecharon la fertilidad de la ribera del río Iteru (Nilo), pudieron almacenar durante los siete años de abundancia y subsistir otros siete de hambruna, con el apoyo de José todo el pueblo de Israel se refugió en Egipto para salvarse del hambre y permaneció ahí por más de 400 años.

Otra calamidad de hambre muy larga es mencionada en la Biblia, se encuentra registrada en el libro de Rut, en el versículo cuatro del primer capítulo, leemos que duró diez años, en otros pasajes de la historia del pueblo hebreo menciona que fueron muchas las hambrunas que los asolaron por diferentes causas, una muy dura, se propició durante el sitio de Samaria, donde llegaron incluso a practicar el canibalismo comiendo a sus propios hijos y excremento de animales que se cotizaba a precios inaccesibles.

En la historia quedaron grabadas con letras de sangre otras terribles hambrunas como la que sufrió en el año 188 DC la provincia pesquera y agrícola de Apulia, una de las áreas más prósperas de la Magna Grecia provocada por una plaga devastadora de langosta que cubrió la luz del sol cambiando el día despejado con una oscuridad apocalíptica, acompañada del espantoso ruido que producían los saltamontes con sus alas al volar, destruyeron todos los viñedos, hortalizas los árboles y las hierbas del campo; convirtiendo en yermo la otrora y prospera población y áreas aledañas que, debido al hambre no tardaron en llenar sus calles y caminos con cadáveres, pues durante un tiempo murieron más de 500 personas por día, provocando todo esto una fetidez epidémica que se extendió hasta el oeste de Inglaterra, ya que, el único remedio que tenían para contener la epidemia, era llenarse la nariz con ungüentos olorosos.

Otras historias cuentan como las hambrunas obligaron a algunos países a practicar el canibalismo; los primeros que sucumbían, eran los hijos indefensos, quienes morían uno a uno en manos de sus padres desesperados.

Entre la gente, el más fuerte mataba al débil y lo consumía, los carniceros fornidos que se alimentaban de carne humana se dedicaban a cazar con sus afiladas herramientas a los agobiados y desprevenidos habitantes; después de descuartizarlos, los cocían y vendían la carne como alimento en la vía pública, la gente sabia su origen; no obstante, se acababa en segundos, haciendo millonarios a estos depredadores humanos que además estaban bien alimentados, pues comían lo mejor de sus presas.

A través de la vida en la tierra han muerto más personas por hambres y pestes que las que perecieron en el diluvio, en las guerras o por grandes cataclismos.

Se puede llenar un texto completo con interesantes y espeluznantes historias de hambrunas, pero el propósito es: entender que estamos expuestos a padecer cualquier tipo de necesidad de alimentos, que puede ser debido a diferentes e impredecibles situaciones, tales como, quedarse sin empleo o enfermarse, por una hambruna ficticia, por cataclismos, guerras, etc. Finalmente debemos notar que el país que almacenaba alimentos era el que sobrevivía y conservaba la supremacía sobre los demás que se tenían que doblegar para recibir alimentos, por lo tanto, concluimos que solamente aquellos que estaban preparados pueden sobrevivir a estas calamidades.

Estimado lector a continuación le presento sencillos, pero eficaces consejos que si bien no le libraran completamente de los efectos de una secesión económica si le darán tranquilidad durante ella, ponga atención a las indicaciones que en lenguaje sencillo a continuación muestro; ya que muchas de ellas provienen de hombres inspirados por Dios y de experimentados analistas de la situación que prevalece dentro de las culturas actuales.

Mantenga en su poder siempre que sea posible una cantidad de semillas de los vegetales que se pueden plantar en su región, cuando no es posible conseguirlas, generalmente se pueden obtener de los vegetales frescos que se vende en cualquier comercio, deben ser vegetales que han llegado a su estado óptimo de madurez (no tiernos) las semillas que se encuentran en el interior de estos se obtienen después de abrirlos para el consumo, déjela unos días para que se seque y después las puede guardar en cualquier recipiente apropiado, aunque está ya lista para ser sembrarla, la puede almacenar hasta por dos años, dependiendo de la variedad y de las condiciones de almacenaje, los principales factores que afectan el almacenamiento de las semillas son los siguientes:

A)   Factores físicos.

Humedad y Temperatura: hasta donde sea posible mantenga las semillas en un lugar fresco y seco.

B)   Factores químicos.

Mantenga las semillas bien ventiladas para que puedan continuar con el proceso de respiración ya que están conformadas por células vivas.

C)   Factores bióticos.

Manténgalas alejadas o protegidas de insectos y microorganismos (hongos)

Inicie el cultivo domestico de vegetales y donde sea posible plante árboles frutales.

El huerto en el hogar

Desde épocas muy remotas, cultivar un huerto familiar con hortalizas y diversos árboles frutales se consideraba una manera de subsistencia económica, ya que un trozo de terreno proveía a la propiedad con hortalizas y frutas frescas.

En el Egipto antiguo, los ricos tenían elaborados Jardines de árboles frutales con un estanque en el centro de donde sacaban agua para el riego, generalmente eran llenados con peces y plantas acuáticas y servían como refugio a muchas variedades de fauna hídrica, la gente más humilde tenía huertos que utilizaban como jardín, de ahí se proveían de verduras frescas y flores fragantes.

Civilizaciones como los Aztecas, Zapotecas, Mayas, Totonaca, Otomí y otros en México donde todavía se puede apreciar la costumbre de los indígenas de tener un huerto en sus casas y el apego a la agricultura. Otras razas como los quechuas, náhuatl, Mapuche, etc., también dejan testimonio de esto en la costumbre de los indígenas modernos que continúan la tradición del huerto familiar.

En las narraciones bíblicas se menciona que había huertos en los palacios y en todas las casas la gente procuraba sembrar legumbres, árboles frutales, flores y hierbas de olor para el consumo de la familia.

El primer huerto familiar del que se tiene conocimiento fue plantado por Dios al inicio de la humanidad, lo utilizó para este propósito y Adán lo labraba y lo cultivaba para evitar el ocio y a la vez producía frutos que le servían de alimento a él y a su esposa Eva.

En el relato del rey Acab y la viña de Nabot en la época del antiguo testamento nos da una idea de la importancia de tener un huerto, la negativa de Nabot de vender su viña al rey, llevó la perversa Jezabel urdir un plan ignominioso para despojarlo de su herencia, y violar las leyes hebreas que prohibían vender los terrenos por ser considerados un patrimonio familiar y el vehemente deseo del rey de obtener la viña para un huerto, lo indujo a permitir la muerte de Nabot, lo que acarreó sobre él y su nefasta esposa una maldición de Dios por medio del profeta Elías, esta consistía en que Jezabel sería muerta y los perros la comerían en el mismo lugar donde Nabot murió apedreado por el pueblo, pues fue eso el castigo dictaminado en el juicio perverso que le hicieron los sacerdotes incondicionales de Jezabel utilizando para ese fin testigos falsos, en cuanto al rey Acab sería barrida su descendencia, y su sangre sería lamida por los perros al igual que la de su perversa mujer, corriendo la misma suerte todos los de su familia que murieran en la ciudad serían comidos por los perros y los que murieran en el campo, se lo comerían las aves del cielo. Esta maldición se cumplió tal como se lee en el libro primero y segundo de los reyes.

Actualmente en épocas de bonanza y donde la ley lo permite, debemos cultivar legumbres y vegetales para elaborar en el hogar productos envasados al vacío y deshidratados, ya que son los más confiables y el mejor medio de obtenerlos es cultivándolos uno mismo en su propio huerto.

Para algunos cultivar un huerto familiar puede ser un medio de matar el aburrimiento, paro otros puede ser un verdadero reto, pero se pueden obtener las hortalizas necesarias para el sustento saludable de la familia en cualquier época, además con poco conocimiento se preparan los vegetales obtenidos para almacenarlos deshidratados o envasados al vacío obteniendo productos de calidad a muy bajo costo, al mismo tiempo el huerto familiar es un lugar apropiado para llevar a cabo actividades con la esposa y los hijos enseñarles el prodigio de las semillas, la bondad de la tierra y como debemos tratarla, esto los hace desarrollar poco apoco un amor al entorno y por ende cuidarlo lo que se trasmite a través de las generaciones creando familias amantes del ecosistema.

Si usted nunca ha practicado la agricultura quizás tenga algunas dudas de poder hacerlo, y seguramente su primera interrogativa sería la siguiente: ¿Cómo puedo iniciar un huerto familiar? A través de la lectura de este libro le llevaremos de la mano en forma sencilla tratando de utilizar los términos que todos conocemos.

Como recompensa por su esfuerzo de tener su huerto familiar usted y los suyos podrán gozar de un almacén familiar que rotándolo y acrecentándolo constantemente le darán tranquilidad durante toda la vida ¡Enhorabuena! inicie su programa de autosuficiencia.

Un huerto familiar se puede iniciar de muchas maneras, la más usual, es la que sigue el patrón de la agricultura tradicional, quiero decir, en una fracción de terreno, en cuyo caso el tamaño no importa.

La otra manera es sembrar en un huerto circular vertical, los más adecuados se pueden construir en un espacio de 0.40 cm. De diámetro por 1.0 y hasta 2.5m. De altura, y en un espacio de 6 metros cuadrados puede cultivar cómodamente cinco huertos verticales con esta dimensión, también se pueden cultivar legumbres en macetas, en la azotea de la casa en pasillos, terrazas etc.

Huerto familiar tradicional

Para construir el huerto familiar siguiendo la técnica agrícola tradicional se sugiere lo siguiente:

Herramientas elementales:

1. Zapa-pico o picareta: Es una herramienta formada por una barra de hierro o acero, con un mango de madera. Esta parte metálica termina en punta en uno de los extremos y es plano con borde ancho y cortante en el otro.

2. Pala: es una herramienta de mano utilizada para excavar o mover materiales, ha sido empleada desde épocas muy remotas para actividades agrícolas y de la construcción

3. Azada o azadón: es un apero de labranza que se usa en labores de agricultura, compuesta de una lámina con el extremo frontal cortante medianamente filoso por un lado y un mango para sujetar por el otro.

4. Rastrillo: es un instrumento agrícola y hortícola consistente en una barra dentada fijada transversalmente a un mango, y usada para emparejar el terreno y a la vez recoger hojas, heno, césped, etc.

Como preparación inicial hay que retirar las malas hierbas, que generalmente proliferan en cualquier tipo de terreno y más si donde piensa cultivar fue en alguna ocasión destinado a la horticultura.

No se desanime si donde piensa cultivar crece mucha maleza y abunda la mayor parte del año, eso es una buena señal e indica que la tierra es rica en nutrientes, por tanto, después de retirar la hierba, todo lo que usted siembre ahí sin duda dará en abundancia.

El terreno elegido debe tener agua cerca y ser lo más llano posible porque es más fácil de cultivar y cuando se riega retiene el agua en forma uniforme, lo mismo sucede cuando llueve y se evitan los encharcamientos que pueden afectar algunas plantas del cultivo; Asimismo tampoco es conveniente cultivar en hondonadas donde el agua se estanca y los cultivos pueden llegar a pudrirse y si el terreno está en pendiente lo más recomendable es que esté orientado al sur, para favorecer la radiación solar, no siendo esto una determinación para no cultivar , debemos considerar que la umbría es la parte del terreno donde regularmente hace sombra, por estar expuesta al norte y la solana es el área donde se recibe el sol de lleno.

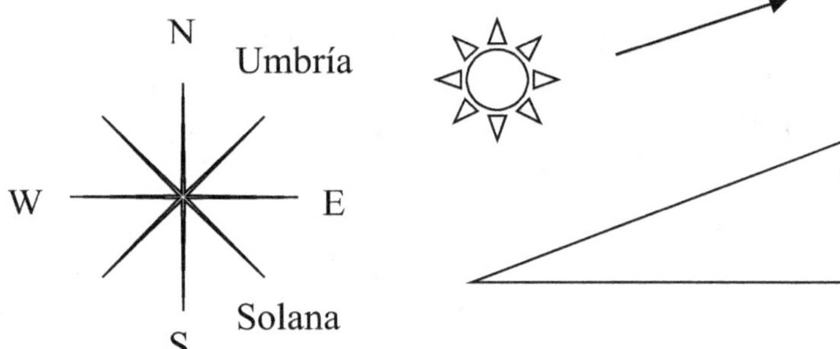

Si piensa utilizar el método agrícola tradicional no se preocupe si solo tiene tierras poco profundas sobre un suelo rocoso (menos de 0.18 cm.) aunque aparentemente la producción de algunos vegetales sería muy escasa, eso no es un impedimento para cultivar y obtener los mejores vegetales si aplicamos técnicas para cultivar que pueden hacerse incluso sobre concreto.

Existen variadas formas para preparar la tierra antes de plantar, si el terreno es normal utilice el método ancestral de surcos se puede efectuar, removiendo la tierra con la picareta haciendo camellones y al mismo tiempo se van formando surcos en cuyas crestas después de limpiarlas, aplanarlas hasta formar una superficie plana con pequeños bordes a los lados y abonar la tierra cultivaremos las hortalizas.

Si su terreno tiene poca profundidad (menos de 0.18 cm.) o es de concreto utilice el método de bancal simple basado en bancales que solo utilizan el suelo como apoyo, cultivándose todo en un substrato de composta, turba y vermiculita gruesa en partes iguales (⅓ c/u), todo puesto dentro de un marco exterior de 1.20 x 1.20 mts. Colocado directamente sobre la tierra, si planea cultivar varias cajas colóquelas de manera que vayan formando un cuadrado para ahorrar espacio, deje un pasillo entre cada caja para transitar, no haga las cajas demasiado anchas para alcanzar el centro desde ambos lados, haga sobre la caja un entramado con cuadros de 30x30 cm. Que le permitirá alojar un mínimo de 16 plantas en cada caja dependiendo del espaciado requerido, riegue en forma manual utilizando un recipiente para vaciar el agua directamente en cada cuadrado, cuide la humedad y vierta solo la necesaria, ya que el sustrato sugerido retiene mucho el agua; este cultivo permite una buena densidad de plantas, consiguiendo excelentes cosechas.

Si sembró una variedad de plantas, que sería lo ideal para tener en una sola caja un huerto completo, coseche de acuerdo a la producción y conforme las plantas terminen su siclo, agregue composta y cultive una nueva planta.

Otra alternativa para cosechar en terrenos pequeños donde se pretende obtener abundantes cosechas se presenta aplicando un método parecido al anterior, pero a la inversa o sea que en lugar de utilizar cajas de madera se preparan bancales de la misma dimensión o más grandes, si lo desea, pero tenga en cuenta que los terrenos así preparados no deben de pisarse, ya que, esto ocasiona al apelmace de la tierra, estropeando la superficie para cultivar.

Este método de sembrar es muy antiguo, pero en la actualidad se empieza a usar con frecuencia, es conocido como método chino, método francés o método francés intensivo o más recientemente como método de bancal profundo, lo he puesto en práctica en un pequeño terreno en el patio de mi casa y el resultado es asombroso.

El método es el siguiente: Se clavan cuatro estacas, una en cada esquina del terreno destinado al bancal y se atan con un hilo tenso; las medidas más convenientes son de 1.5 m. De ancho con la longitud que se desee, teniendo en cuenta que si es demasiado largo será más difícil rodearlo para atender ambos lados, ya que el bancal no se debe pisar, por esa razón, se sugiere sean fracciones pequeñas. He cavado tres bancales de 1.5 m de ancho por 5.0 m. de largo dejando espacios de 50 cm Que se utilizan como senderos, aunque en el estado donde vivo solo gozamos de siete meses aptos para el cultivo y cosecha, los he aprovechado muy bien y lo que produce en el huerto me alcanza para almacenar y aún para ayudar a personas de escasos recursos y amigos. No pisar dentro del bancal profundo obedece a dos razones; la primera es fundamental, para no apelmazar la tierra y la segunda obedece a que no se siembra con las hileras tradicionales, se siembra en hileras diagonales o en triángulo permitiendo que al crecer las plantas cubren toda la superficie y no hay espacio para pisar entre ellas.

Si el terreno es pobre, ni se preocupe, puede traer tierra fértil de otra parte del terreno o ser abonado de preferencia con materia orgánica descompuesta.

El proceso consiste en extraer un surco de unos sesenta cm de profundidad de un terreno con tierra buena (fértil), poniendo la tierra en una carretilla se lleva al final del bancal en el que se está trabajando. En ese mismo surco vertemos la tierra buena, retirando las piedras que encontremos haciendo pequeños montones para posteriormente recogerlos.

Si en la Región donde usted plantó su huerto recibe constantemente el embate del viento, puede rodear el jardín con una cerca en la dirección que generalmente sopla el viento o con una cortina forestal o una malla cortavientos; cuyo objeto no es evitar que pase el aire sino disminuir la fuerza del viento, ya que, evitando la acción de secado que produce el aire el riego es menos frecuente.

Tenga en cuenta que las plantas son seres vivos y necesitan elementos nutritivos al igual que los humanos, y debido a que existen lugares que carecen de estos elementos en algunas ocasiones hay que agregarle a la tierra estos nutrientes.

Hay tres elementos nutritivos que la tierra necesita proporcionar a la planta para su crecimiento y buena producción, estos son; nitrógeno, fósforo y potasio, solo en caso extremo se sugiere sean utilizados los fertilizantes.

Si usted quiere cosechar vegetales libres de contaminación debe abonar el terreno utilizando diferentes tipos de abono orgánico que no contamine y mejore las condiciones del suelo y su capacidad para retener el agua, tales como: estiércol seco de ganado (vacas, cabras, borregos, etc.) o de aves de corral (pollos o gallinas) este último mantiene alta temperatura, por lo que se aconseja tenerlo almacenado unos meses antes de su utilización, también se puede ahorrar dinero y obtener magníficos resultados utilizando la composta.[2]

Para mejorar la producción es conveniente rotar los cultivos con la finalidad que las plantas aprovechen todos los nutrientes.

Puede seguir estos consejos sencillos para disponer en su patio de un pequeño y productivo huerto que, además de servirle de entretenimiento, será una gran ayuda para la economía familiar.

Una vez cosechadas las verduras o hierbas, coma lo necesario y lo demás prepárese para almacenarlas envasadas al vació o deshidratadas

---

[2] La composta es la reducción biológica de la materia orgánica en humus.

Huerto Vertical Circular

El huerto vertical circular consiste en un cilindro preparado de tal manera que puede producir casi la misma variedad de vegetales que el huerto tradicional; desde luego en menor escala, pero tiene sus ventajas, puede estar ubicado en una terraza, pasillo o a la intemperie, no requiere de deshierbe, es mejor el control de plagas y enfermedades, consume menos agua, ya que, no hay desperdicio durante el riego y se puede cambiar de lugar si es necesario.

Se fabrica con elementos de muy bajo costo inclusive pueden conseguirse entre los desechos que muchas veces tiramos o guardamos en el desván y el garaje.

Los cilindros se pueden construir desde 1 metro hasta de 2.50 metros de altura dependiendo de las condiciones del espacio.

Para fabricar cada cilindro se necesitan los materiales siguientes:
Tubo de Policloruro de Vinilo (PVC) de 2 pulgadas de diámetro de 2,50 metros de altura 3 metros de plástico grueso, lámina de polipropileno o cartón corrugado 3 metros de alambre dulce o cocido (usado en construcción como alambre de amarre), que sea fácilmente maleable, 6 listones o tiras de madera de 5X5 cm Gravilla, tierra, abono orgánico y arena Semillas de tomate, lechuga, espinaca, calabacín, zanahorias y otras.

Desarrollo del huerto vertical circular

1. Seleccione el espacio. (Se sugieren 6 metros cuadrados para instalar 5 cilindros)
2. Haga un cilindro de 40 cm de diámetro y 2,50 metros de altura con el plástico o el material seleccionado.
3. Refuerce el cilindro con tiras de madera y alambre por la parte exterior.
4. Haga pequeñas perforaciones en la totalidad del tubo de PVC por dónde fluirá el agua para mantener húmeda la tierra del huerto.
5. Deposite en el interior del cilindro tierra hasta 30 cm de altura.
6. Introduzca el tubo de PVC en el centro del cilindro.
7. Rellene el tubo de PVC con gravilla y arena mezclada Termine de rellenar el cilindro con tierra mezclada en proporción 2: 1 de suelo y abono orgánico como estiércol o composta.
8. En la parte superior coloque gravilla Una vez armada la estructura, abra varias ventanas de 6 cm en el cilindro de plástico, separadas una de otros cada 10 cm cortando solo la parte de arriba y las laterales para poder abrirlas sin que se desprendan.
9. Introduzca en cada ventana 3 semillas o ponga ahí la plántula y crecerán hacia el exterior, tal como se ilustra en la fig. # 10.

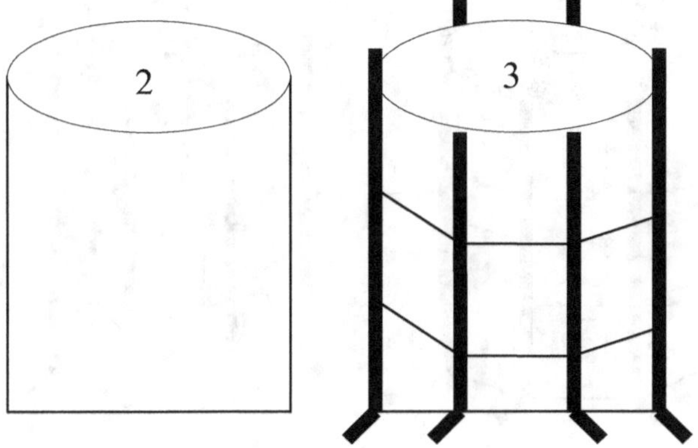
2
3

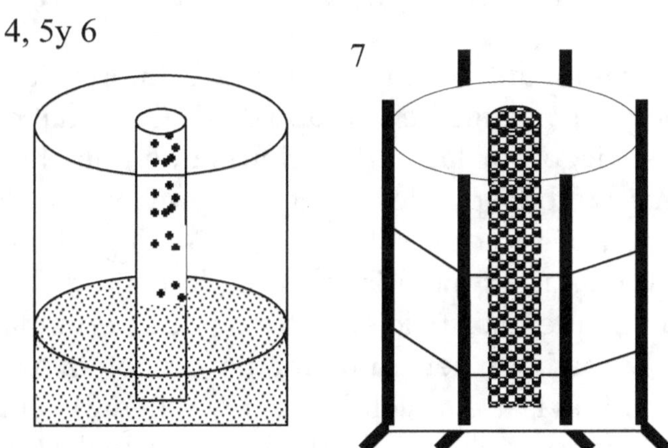
4, 5y 6
7

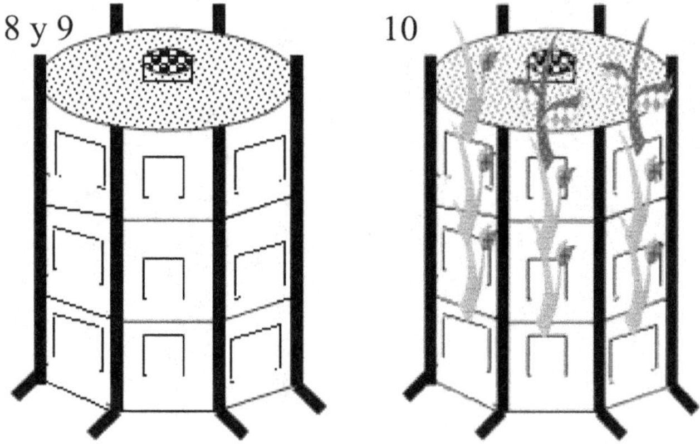

Sugerencias para cuidar de su huerto vertical

Para mantener la humedad del huerto deposite periódicamente agua en el tubo de PVC, el cual distribuye el riego por las perforaciones que tiene hacia el interior, también puede humedecer previamente la tierra y después colocar sobre el tubo un depósito de lámina o cualquier material apropiado lleno de agua y con un pequeño orificio en el fondo que permita mantener húmeda la tierra por medio de goteo, así solo tiene que revisar el nivel del agua y rellenarlo cuando sea necesario (cada 4 o 5 días) dependiendo del tamaño del recipiente.

Para evitar la proliferación de plagas puede remojar el tabaco de 20 cigarrillos en 20 litros de agua o si está a su alcance compre el tabaco a granel; utilice esta solución para atacar a los insectos que pudieran afectar la hortaliza, también funciona el ajo machacado y remojado en agua y jabón líquido diluido en agua para ciertas plagas, un buen método para mantener alejadas casi todas las plagas en cualquier tipo de huerto, es sembrar algunas hierbas aromáticas entre las legumbres.

Utilice desechos de origen vegetal como cáscaras de huevo, frutas, verduras, residuos orgánicos de animales domésticos, etc., para hacer el compostaje. Este se elabora seleccionando los desechos orgánicos y biodegradables, se secan al sol, sobre hojas de periódico y una vez secos, se les aplica cal orgánica, para evitar su descomposición y mal olor.

El huerto tiene una durabilidad aproximada de 2 años. Construya otro nuevo y reutilice los listones, el alambre y el tubo de PVC.z

Períodos de la siembra a la cosecha de algunos vegetales.

    1   mes = lechuga, espinaca, acelgas
    2   meses = calabacines, pepino
    3 a 4 meses = zanahoria, coliflor
     4 a 6 meses = papa, tomate, cebolla

SUGERENCIAS

Una vez obtenida la producción de hortalizas envase al vació o deshidrate los vegetales, puede triturar o moler algunos de ellos para diversos usos que se detallaran más adelante.

Hidroponía

La palabra hidroponía proviene del griego, Hydro = agua y ponos = trabajo. Esta técnica se conoce también con el nombre de agricultura hidropónica es un método utilizado para cultivar plantas usando soluciones minerales en componentes sólidos inertes que sirven de soporte a la planta en lugar de suelo agrícola; es de gran ayuda para los lugares donde las condiciones adecuadas para la agricultura tradicional son escasas, por su estructura de operación se puede cultivar en invernaderos obteniendo vegetales frescos de mejor calidad y mayor cantidad que los que se obtienen en la agricultura tradicional, su manejo es sencillo y más limpio, los recursos para poner en práctica este tipo de cultivo pueden ser materiales disponibles en todo hogar o incluso de desecho, se pueden utilizar espacios libres sin importar si son de cemento pasto o cualquier superficie como azoteas y terrazas arregladas para tal fin o incluso espacios cerrados donde se reutiliza la solución nutritiva en lugar de tirarla siendo esto una ventaja importante que protege el medioambiente y hace ser más rentable esta técnica; otro aspecto importante en la economía y protección al ecosistema es que se reduce considerablemente el consumo de agua, aunque el propósito es el cultivo de vegetales, incluyendo hierbas de olor y alimenticias como el huauzontle, verdolagas, etc., se puede emplear para el cultivo de flores de ornato e incluso forrajes.

En conclusión, la Hidroponia es la Técnica de cultivar sin tierra y al menos hay tres formas de hacerlo

la hidroponía es la primera de estas técnicas y como su nombre lo indica se refiere propiamente dicha al cultivo en agua, se efectúa reubicando la planta de un semillero al medio líquido donde las raíces estarán sumergidas en solución nutritiva, a la cual se regula constantemente el PH, adecuada aireación y concentración de sales. Esta técnica es complicada y requiere más trabajo y tecnología por lo que no es recomendable para los propósitos del texto. A esta misma técnica se le aplica una variante que es la recirculación constante de la solución nutritiva en contacto con la parte baja de la raíz; llamada Técnica de Película Nutriente (NFT, en inglés). En ambas la planta es sostenida por medio mecánico.

La Aeroponía es otra tecnología de cultivo donde las raíces se encuentran suspendidas al aire, dentro de un medio oscuro y son regadas por medio de nebulizadores, controlados por temporizadores; Requiere de un conocimiento más amplio y tampoco es recomendada para principiantes.

La técnica de cultivo hidropónico adecuada para el hogar es la que se hace en sustrato sólido inerte se parece en muchos aspectos al cultivo convencional en tierra y es el más recomendado para quienes se inician en la Hidroponía. En lugar de tierra se emplea algún material denominado sustrato, el cual no contiene nutrientes y se utiliza solo como un medio de sostén para las plantas, permitiendo que estas tengan suficiente humedad y también en su caso la expansión del bulbo, tubérculo o raíz, también se puede hacer un huerto hidropónico vertical circular.

A continuación, se presentan los pasos para iniciar el cultivo hidropónico puedes hacer las adaptaciones y mejoras que tu ingenio te permita.

Como primer paso debemos contar con un lugar adecuado ya sea en el exterior o interior, dependiendo de nuestras posibilidades, puede ser un lugar cerrado con suficiente luz y ventilación adecuada.

Es importante conocer algunos de los sustratos que se pueden utilizar, entre los más comunes se encuentran: Arena, grava, tezontle, ladrillos quebrados y/o molidos, piedra pómez, Perlita, vermiculita (Silicato de Aluminio), Peat Moss (turba vegetal), aserrín, carbón vegetal, resinas sintéticas (Poliuretano), cáscaras de semillas y de frutas como arroz, cáscara seca de coco, entre otros.

Para nutrir a las plantas necesitamos principalmente los macroelementos que son consumidos en mayor cantidad por la planta y en menor cantidad Manganeso, Boro, Hierro, Cobre, Molibdeno, Cloro y Zinc llamados microelementos; aparentemente son muchos elementos, no obstante, los primeros se resumen en tres sales que son: Sulfato de Magnesio (involucra al Azufre); Fosfato Monopotásico (Fósforo y Potasio); Nitrato de Calcio (incluye Nitrógeno).

Estos se utilizan en las proporciones siguientes:

Nitrato de Potasio: 15 gr
Fosfato Monoamónico: 3.5 gr
Nitrato de Calcio: 13.5 gr
Sulfato de Calcio: 10 gr
Sulfato de Magnesio: 6 gr
Sulfato Ferroso: 1.0 gr

Fórmula para mezclar en 20 litros de agua

Si planea recircular el fluido nutriente puede cambiar el sulfato de calcio que tiende a formar sedimentación por el sulfato de potasio, quedando la formulación para 20 litros de agua, de la manera siguiente:

Nitrato de Amonio: 3.1 gr
Fosfato Monoamónico: 5.9 gr
Nitrato de Calcio: 24.6 gr
Sulfato de Potasio: 11.6 gr
Sulfato de Magnesio: 10 gr
Sulfato Ferroso: 0.5 gr

Obviamente estas formulaciones son sugeridas para iniciar un cultivo y de acuerdo a la evolución de la planta se pueden agregar otros elementos necesarios.

Las ventajas de la hidroponía sobre la agricultura tradicional se refleja en que se puede obtener mayor cosecha por superficie toda vez que el suelo y las condiciones climáticas no son una limitante, el mismo sustrato sirve para futuros cultivos pudiendo ser el mismo cuantas veces quiera, ahorrando así tiempo y dinero en la preparación del suelo que requiere la siembra tradicional, por la limpieza y carencia de hierbas nocivas no se utilizan herbicidas y es más fácil controlar las plagas con productos naturales (en caso de que las hubiera) las plantas están siempre verdes debido a la humedad controlada, los fertilizantes utilizados vienen incluidos en los nutrientes y se puede agregar a los nutrientes el elemento que la planta requiera.

Se puede decir que en el cultivo hidropónico hay un ahorro de tiempo y esfuerzo, aunque puede implicar una mayor inversión inicial que la agricultura tradicional.

El propósito fundamental del texto es ilustrar al mundo acerca de algunos medios para poder sobrellevar calmadamente cualquier crisis económica

Por tanto, basta decir que el valor del consumo en nutrientes seria aproximadamente de 4 a 5 USD para preparar solución y mantener 30 plantas por ¡ocho meses aproximadamente!

El Deshidratado

Durante siglos se han empleado técnicas tradicionales para deshidratar las frutas. Ya se menciona en la Biblia las pasas y los higos secos, éstas se deshidrataban extendiendo el producto al aire libre sobre todo tipo de superficies naturales para exponerlo a la acción directa de los rayos solares. Podemos asegurar que el producto final obtenido tenía un alto grado de contaminación, ya que, las normas de higiene eran prácticamente nulas, no obstante, estas eran apreciadas como un alimento reconstituyente, que tenía la ventaja de ser transportado cómodamente durante mucho tiempo o tenerlo almacenado para usarlo en épocas difíciles.

De acuerdo a la experiencia adquirida durante algunos años que me desempeñé como gerente de producción de una de las plantas deshidratadoras de alimentos más grandes de Latinoamérica, puedo aportar una gran gama de conocimientos adaptados a la técnica de deshidratar en el hogar.

Por lo general se pueden deshidratar todo tipo de alimentos, carnes, frutas, vegetales, verduras, hierbas etc., cada uno de estos productos frescos contienen un porcentaje de su peso en agua siendo este variable en cada una de ellos, por ejemplo: las verduras contienen un alto contenido de agua hasta un 90 y 96 % entre las de cantidad más elevada se encuentra el pepino (96%) El melón (89 a 97%) **El vegetal más húmedo corresponde obviamente al tomate el cual tiene un 92-94 %** la cantidad tan alta de agua hace a estos frutos más lentos para deshidratar, y su relación fresco seco (RFS) aumenta considerablemente debido a la poca cantidad de sólidos que contienen no obstante, los vegetales como la zanahoria 87 % y el betabel 76 %, se deshidratan más rápido, pero, ya secos todos se pueden triturar o moler, las hierbas como el cilantro (Coriandrum sativum) el perejil (Petroselinum crispum) la Alfalfa (Medicago sativa) por tratarse de tallos delgados se deshidratan en menos tiempo, las legumbres como, Altramuces, Frijoles (porotos o alubias), Garbanzos, Guisantes (arvejas o chícharos), Habas, Judías verdes (chauchas), Lentejas, Lupinos, Maníes (cacahuates o cacahuetes), Soja (soya) contienen poca cantidad de agua siendo ideales para deshidratarse y evolucionan mejor en el proceso de molerlos o triturarlos.

Técnicas del Deshidratado

El propósito del deshidratado de frutas y vegetales consiste en quitar a estos, parte del agua que contienen que sirve a la vez para hacer apropiado su almacenamiento, para triturarlos o seleccionar su tamaño y para molerlos y utilizarlos en diferentes procesos y formulaciones.

Durante el deshidratado, el agua se elimina por la interacción de tres elementos básicos: aire, temperatura y humedad. Un buen resultado depende de la adecuada combinación de estos tres elementos.

Existe una variedad de deshidratadores para uso industrial que reúnen estas cualidades, los deshidratadores cerrados tipo túnel con bandas en secciones para el volteado del producto, de acero perforadas y con movimiento controlado por donde fluye el calor a diferentes temperaturas atravesando a la vez el producto a deshidratar, la temperatura es producida por quemadores alimentados con gas y el calor es recirculado con ventiladores eléctricos, y controlado con extractores equipados con un obturador manual o automático que envían el calor sobrante en forma regulada al exterior, contribuyendo a mantener la temperatura adecuada. Los deshidratadores con charolas estáticas y perforadas donde fluye el aire caliente con un sistema similar al anterior, pero con menor capacidad de producción. En los deshidratadores calentados con vapor, este es generado en una caldera pasa por un serpentín donde se concentra la temperatura que es introducida a la cámara deshidratadora con recirculadores de aire, el procedimiento es similar al de gas.

Otra forma más rudimentaria de deshidratar se efectúa en túneles de secado, cuyo extremo superior esta descubierto, ahí se deposita el producto en canastillas metálicas mientas a la entrada de los túneles se inyecta aire caliente que puede ser generado de muchas formas, el control es menor y la calidad del producto muchas veces no es uniforme.

Los deshidratadores solares empleados para uso agrícola para pequeños productores en áreas con mucho sol y de escasos recursos económicos y los de tipo casero para deshidratar hortalizas y frutas provenientes del huerto familiar o en sus defectos adquiridos en el mercado.

Por último, cabe mencionar el sistema antiguo para deshidratar chile Ancho, Mulato, Mirasol, Guajillo y Pasilla (Capsicum frutescens) expuestos al sol en "camas" o "paseras" Las paseras se construyen en un lugar plano con un ligero declive para evitar encharcamientos en caso de lluvias. Sobre las camas se extiende una capa de paja o ramas secas donde se acomoda el Chile maduro recién cosechado. La paja permite el paso de aire y elimina así cualquier exceso de humedad para evitar que los frutos se pudran. Una vez que la parte asoleada del fruto se seca, el Chile se voltea para que la parte inferior reciba los rayos del sol y se deshidrate. El secado bajo este método, dura de 10 a 20 días, dependiendo de la intensidad del sol y de la temperatura obteniendo un producto tradicional artesanal que utiliza como condimento o especie para elaborar platillos típicos mexicanos como el mole, adobo, pipián, etc. se adquiere en los mercados latinos, pero con un alto porcentaje de microbiología, material extraño y partículas de insectos.

Antes de iniciar el proceso de deshidratado, en forma industrial o domestica donde se desea adquirir un producto de alta calidad se requiere seleccionar el producto, eliminar materiales extraños, someterlo a un lavado y Sanitización para obtener un producto final higiénicamente aceptable, posteriormente puede ser cortado en cubos o en rodajas a una medida adecuada para que el proceso de deshidratado sea uniforme, las medidas de corte se estandarizan y se usan en futuros procesos del mismo vegetal, esta técnica se debe aplicar también a los deshidratados domésticos, finalmente debe salir del deshidratador con un porcentaje aceptable de partículas de insectos y debe ser manejado con higiene y así mantener los rangos de bacteriología establecidos para el consumo humano

Mientras más delgado es el corte el deshidratado será más rápido, teniendo en cuenta también la presentación que usted desea de su producto final, la relación fresco seco varía de acuerdo a los sólidos de los frutos o vegetales, por ejemplo puede usted obtener una relación fresco seco de los siguientes vegetales, del tomate cortado en rodajas que contiene un alto porcentaje de agua (**92-94**%) obtendrá cerca de un kilo de tomates secos por cada 17 kilos de tomate fresco, de hongos fileteados obtendrá un kilo de hongos secos por cada ocho de fresco, en otros.

Las verduras o vegetales deshidratados no deben de presentar humedad superior al 7% para que, una vez que estén a temperatura ambiente sean envasados y se conserven sus propiedades en buen estado durante un largo tiempo

La selección se refiere a seleccionar los vegetales o frutas de mejor calidad para obtener al final un producto de calidad.

Eliminar materiales extraños cuando por el volumen no son visibles, se debe revisar los vegetales de preferencia en una banda de selección para evitar se contaminen con producto descompuesto, pequeñas hierbas, piedras, plumas de pájaros, etc.

El lavado es necesario para asegurar la limpieza del producto a deshidratar, generalmente se efectúa con una solución de agua con jabón líquido neutro (sin aroma)

Para el sanitizado se puede utilizar solución de Yodo, Cloro o cualquier desinfectante para frutas y vegetales de uso común, pero autorizado por las autoridades sanitarias del lugar donde se efectúa el proceso.

El producto terminado se puede almacenar en bolsas de plástico cerradas herméticamente haciéndole revisiones cuando menos cada seis meses para verificar que se encuentra en buen estado, si el producto obtenido del deshidratado tiene como propósito final ser molido se puede hacer en cualquier tiempo o en el momento que sale del deshidratador.

El betabel por su alto contenido en azúcar, lo hace ser higroscópico, por lo tanto, cuando se muele debe llevar alguna antiapelmazante para evitar que se endurezca formando una piedra, que, aunque se puede romper se contamina, pierde su granulometría original, y tiene que ser molido de nuevo y pasado por mallas para estandarizarlo de nuevo, el ajo y la cebolla también tienen esa particularidad por lo que es necesario tratarlos en forma similar.

Deshidratadores Solares

Los deshidratadores solares han sido diseñados como un recurso para ser utilizados por quien se inicia en esta tarea puede hacerse en poca escala y se distinguen del deshidratado natural al sol porque a menudo emplean una estructura muy simple para incrementar los efectos del calor del sol y para proteger el producto.

Existen dos formas de utilizar el sol para deshidratar. Estas son directas e indirectas. En el deshidratado solar en forma directa, el producto se expone a los rayos solares y puede dar como resultado un cambio en el color y en el contenido de vitaminas, como es el caso de las pasas, los dátiles y los chiles. Para otro tipo de frutas y vegetales es más recomendable el método indirecto, que protege la materia prima de la acción directa de los rayos solares. El sol calienta el aire en una cámara y este aire penetra luego al alimento, que se encuentra en un gabinete de secado.

El Agua

El agua es fundamental para todo sistema de vida, hasta hoy no se conoce forma de vida que prescinda del agua, , el agua representa del 50 al 90 % de la masa corporal de los seres vivos, en el caso del cuerpo humano el 75 % aproximadamente es agua, los seres humanos necesitamos consumir agua potable, pero los recursos naturales están escaseando debido a los grandes asentamientos humanos y a la desmedida contaminación, el agua se encuentra en la tierra en tres estados liquida, sólida y gaseosa y se puede hallar en cualquiera de sus formas prácticamente en cualquier lugar de la biosfera.

Solo el agua potable[3] es apta para consumo humano, en ocasiones hay agua que podemos purificar por los medios tradicionales, hervida o clorada, pero su aspecto es sucio y su sabor nada agradable, a continuación, presentamos un filtro de construcción casera que puede solucionar ese problema, así como la adición correcta de cloro para hacer potable el agua.

Para filtrar el agua quitarle el mal olor, el color y el sabor desagradable, se puede fabricar fácilmente un filtro casero, que no será capaz de eliminar los microbios ni los parásitos del agua, pero el agua se verá cristalina antes de purificarla y tendrá mejor sabor, al pasar por la arena fina se eliminaran diferentes partículas que pueda contener, esto hará que en algún

---

[3] Potable: Del latín *potus*, bebida, *potabilis*, bebible, *potare* = beber.

momento se sature la arena con impurezas y el carbón no elimine el mal olor, siendo necesario remplazar ambas cosas, un filtro como el que se presenta en la ilustración puede ser efectivo durante sesenta días, filtrando un promedio de cuarenta a cincuenta litros de agua dependiendo del diámetro de los agujeros en el fondo del recipiente interior.

Como hacer un sencillo, pero eficaz filtro de agua doméstico.

Material que se usará: Dos depósitos de plástico, preferentemente del mismo modelo, deben ser uno más pequeño con la finalidad que encaje dentro del otro dejando una distancia de cuando menos una pulgada (2.54 cm.) entre la pared de cada uno.

1. Carbón vegetal
2. Arena fina
3. Grava
4. Un grifo para drenar
5. Arandela de goma
6. Cloro

Se hacen agujeros en el fondo del recipiente de menor tamaño, deben ser cuando menos un centímetro de diámetro, tomando en cuenta que estamos hablando de cubetas o botes usados en casa y que, mientras más grandes sean los agujeros, dejara pasar más rápido el volumen de agua, por tanto, se debe considerar esto en relación al tamaño del filtro.

Para extraer el agua se emplea un grifo, llave o canilla, especial para drenar que tenga rosca y tuerca para colocarla haga un orificio en el depósito exterior poco más arriba del nivel de la arena que impide flote el carbón, alrededor de la canilla donde la ajustara al recipiente debe poner una arandela de goma entre la tuerca y la pared del depósito para que al apretar la tuerca contra el recipiente ajuste e impida fugas de agua.

En el fondo del recipiente más grande se pone grava, la cantidad necesaria para que los bordes superiores de ambos depósitos estén al mismo nivel.

Coloque el recipiente menor dentro del más grande centrándolo para que el espacio entre ambos sea uniforme, vacíe arena adentro hasta la mitad y cúbrala con una capa de grava de aproximadamente cinco centímetros o dos pulgadas para evitar que la arena se eleve cuando vierta el agua en el filtro.

Llene el espacio entre los recipientes con carbón triturado más o menos a la altura de la arena del recipiente interior cúbralo con unos cinco centímetros de arena para evitar que las partículas de carbón floten.

Hasta aquí ya está terminado el filtro de agua, antes de ponerlo en uso vierta agua en el recipiente interior y extráigala, repita la operación hasta que salga limpia. Enseguida con el filtro lleno vierta dos cucharaditas de cloro, abra el grifo y agregue diez litros de agua, con el grifo abierto agregue la misma cantidad por dos ocasiones más, después de esta Sanitización el filtro ya está en condiciones de usarse.

Filtro de agua en dos recipientes de plástico

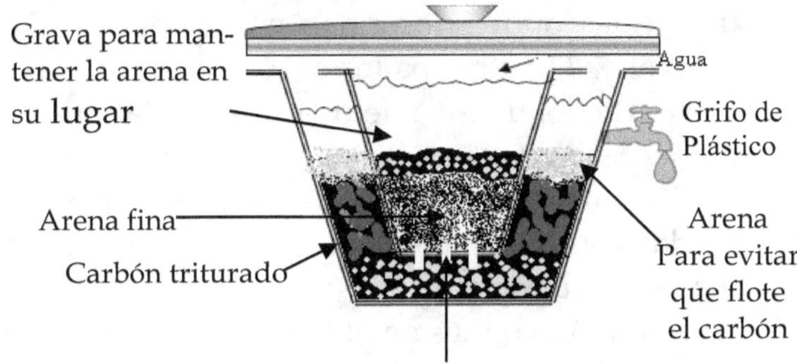

Orificios de medio centímetros de diámetro o más para que el agua pase del recipiente interior al exterior

Otra técnica para obtener agua para sobrevivir

Técnica para obtener algo de agua del suelo, sin muchas herramientas.

Que necesitan:

- Una herramienta para cavar (idealmente una pala)
- Un contenedor (vaso, taza)

- Una bolsa de plástico (o hule para forrar libros)
- Una especie de popote o pajilla para extraer el agua
- Una roca

1. Ahora, lo primero que hay que hacer es buscar una zona donde podría haber humedad en el suelo, pero que reciba los rayos del sol la mayor parte del día. El suelo debe ser relativamente fácil de cavar.
2. Cavar un hoyo en forma de tazón de aproximadamente 60 cm de profundidad, con 1 m de diámetro superior.
3. Caven un poco más en el fondo, para colocar el contenedor.
4. El tubo para beber (nuestra pajilla improvisada) debe anclarse al contenedor, y debe sobresalir del hoyo.
5. Tapar el agujero con el plástico, anclando este con la misma tierra de los alrededores, piedras, lodo, etc.
6. Colocar la roca en el centro del plástico.
7. Bajar el centro del plástico hasta formar un cono, unos 40 cm. y procurar dejarlo exactamente sobre el contenedor.

El funcionamiento básico de esto es que se condensará el agua retenida en el suelo, llenando nuestro contenedor, claro está que esto tomaría todo el día, se recomienda colocar algunas plantas dentro para aumentar la humedad.

Estufa solar

Con las comodidades actuales podemos solo girar una perilla o pulsar un botón y tendremos el calor adecuado para, cocinar obtener agua potable y todas las necesidades que se satisfacen con el calor.

La fuente de esta energía proviene de recursos como el petróleo o en su caso de la energía eléctrica.

El primero es un recurso no renovable y de un alto porcentaje de contaminación para llegar a nuestros hogares en forma de gas

El segundo recurso o sea la energía eléctrica no llega a muchos lugares del planeta y en algunos casos su costo de producción es muy alto, por lo tanto, cuando llega al consumidor su uso se limita a ciertos artículos de primera necesidad.

No obstante, en ambos casos se están investigando alternativas para obtener de otras fuentes recursos, de los no contaminantes y de los que por su característica también son, empleando para las primeras: el sol, el viento, los ríos y corrientes de agua dulce, el calor de la tierra, las olas del mar y el encuentro de aguas dulces con aguas saladas (energía azul) Ahora ya contamos con el generador de energía magnético, no es muy caro pero su producción es limitada, es un invento nuevo que de seguro revolucionara al mundo y en muchos casos sustituirá el uso de energía no renovable.

En áreas rurales la gente utiliza como combustible la leña o el carbón proviniendo ambos de recursos forestales que día a día se están acabando.

En la comunidad rural la estufa solar es un recurso domestico de mucha importancia, ya que, con ella se puede cocinarlos alimentos, Pasteurizar agua para hacerla potable, deshidratar frutas, etc. todo esto sin necesidad de electricidad, madera, petróleo u otro combustible, evitando así la enorme tala de árboles y no contaminamos con humo nuestro hogar.

Estufa solar tipo Caja: es una cámara aislada con una ventanilla a un lado a través de la cual penetra la radiación solar utilizando reflectores planos. Los materiales empleados también son muy accesibles.

Esta variante permite colocar varios recipientes en el interior, así puedes cocinar diferentes guisos a la vez. La temperatura que se alcanza es normalmente menor que aquella de los hornos o estufas solares en forma parabólica, pero es suficiente para cocinar lo que quieras. También puedes pasteurizar el agua si lo dejas en el horno por más de 20 minutos cuando esté en su temperatura máxima. Pienso que la de mejor manejo y mayor aplicación es la estufa solar por lo que me basaré en ella para explicar los pasos de fabricación.

Materiales: Estufa económica hecha de cajas de cartón (se puede fabricar de madera)

1. Dos cajas de cartón grueso, (mientras más grueso sea será más resistente) una de 1 m.

Aproximadamente de largo por 0,5 m. de ancho y 0.5 m de profundidad, la otra debe ser   aproximadamente 5.8 cm. o 2 Pulgadas más chica (la diferencia debe de ser en los seis lados y la estufa puede hacerse del tamaño que se desee).

2. Una plancha e cartón de la misma medida que la boca de la caja grande.
3. Cinco metros de papel aluminio que tenga 0.50 cm. De ancho o la necesario para ajustar esa medida.
4. Pegamento blanco (escolar) pegamento de carpintero o silicón.
5. Una caja de vidrio del largo y ancho de la caja más grande.
6. Dos bisagras de 5 cm. (Se puede sustituir con dos pedazos de lona o de cuero que hagan esa función)
7. Un litro de pintura vinílica color negro mate.
8. una brocha de 5 cm. de ancho.
9. Un rollo de cinta de papel engomado.
10. Papel periódico cinco kilos aproximadamente.
11. Un tubo de cartón donde viene enrollada la tela.
12. Ocho tablitas cuadradas de 5x5 cm. y 2 pulgadas de alto
13. Tijeras y cortador (cúter).

Construcción de una estufa solar:

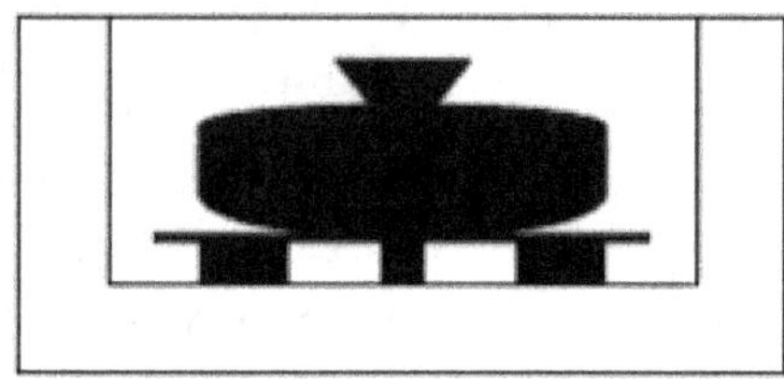

Se cortan las tapas de la caja grande, se forra por dentro la caja chica con papel aluminio hasta el borde superior, procurando que la parte que brilla quede hacia arriba y se pegan las tablitas con pegamento de carpintero en la parte exterior de ambas cajas haciendo ángulo en las esquinas, (Fig. 1 y 2)

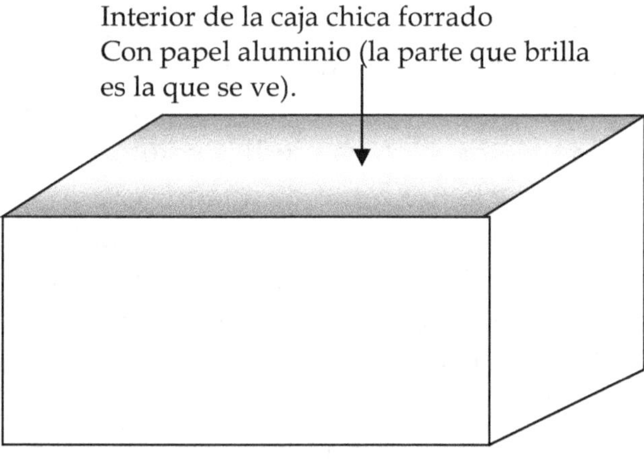

Figura 1.

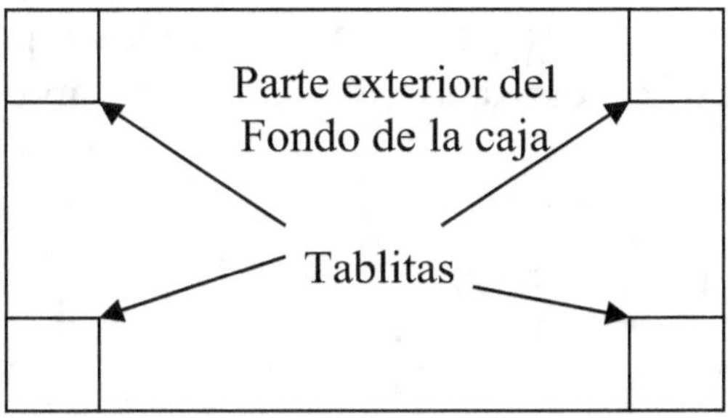

Figura 2

Con el papel periódico se hacen suficientes bolitas de cinco centímetros de diámetro aproximadamente (esta medida puede variar) y se rellena la parte del fondo interior de la caja más grande, cuyas lengüetas de la tapa han sido dobladas hacia dentro para reforzar las paredes, dejando lugar para que asiente el fondo de la caja más chica, estando ya asentada y centrada se procede a llenar los espacios entre los costados quedando como se muestra en la figura número tres.

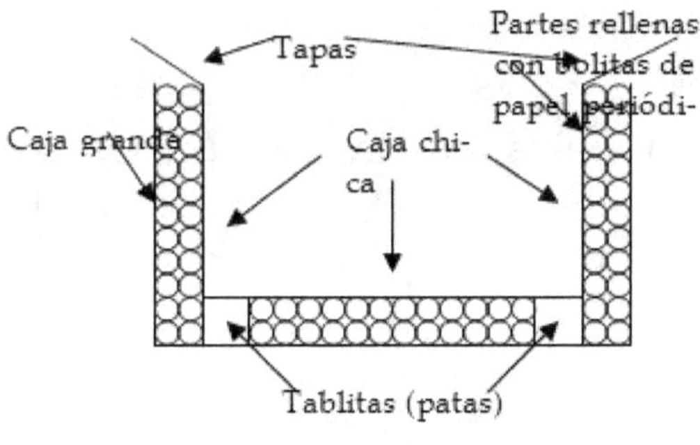

Figura 3

Se pinta de negro mate el exterior de la caja grande, y
se sellan los bordes superiores usando las tapas de la
caja chica, se corta el excedente y se pega con papel
Engomado.

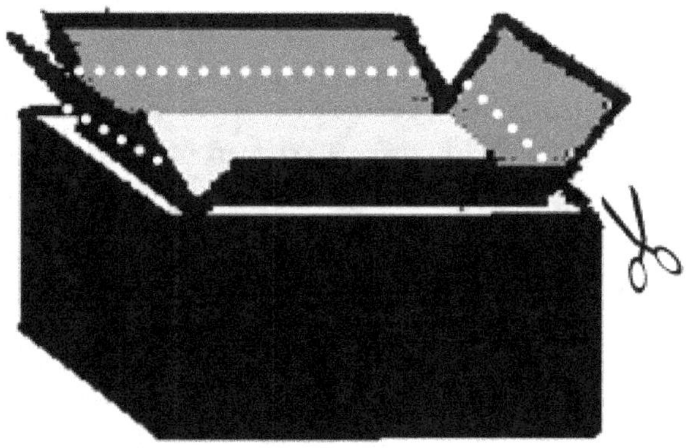

Figura 4

El vidrio se ajusta, se le ponen pegadas las bisagras y
una pequeña agarradera de cuero para levantarlo e in-
troducir los alimentos. Deben quedar en los lugares
que se señala en la figura número cinco.

Estufa Solar tipo caja

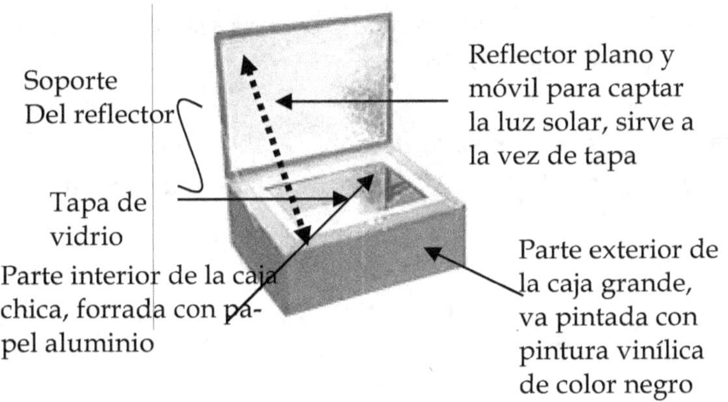

Figura 5

Cocinas de embudo:

Hay una forma muy fácil y rápida para construir un horno solar. Es portátil y los materiales los encuentras en cualquier zona urbana: está hecho de un protector contra los rayos solares que se coloca normalmente en el parabrisas de los automóviles para que no se caliente el interior. Aquí le damos un uso diametralmente opuesto: lo doblamos en forma parabólica y así concentra los rayos solares en el centro donde colocamos nuestra olla o recipiente para cocinar. Envolvemos el recipiente en una bolsa de plástico (¡cuidado! la bolsa no debe tocar a la olla) para impedir que se vaya el vapor y así obtener una temperatura mayor.

Esta cocina solar es sumamente fácil de hacer, cien por ciento transportable y prácticamente instantánea.

Los materiales que necesitas son:

1. Un protector de parabrisas, como el de la figura 1.
2. Aproximadamente 10 centímetros de velcro.
3. Una olla, de preferencia negra, ya que atrapa mejor el calor.

Los pasos a seguir:

Corta el velcro en 3 partes y pégalas en caras opuestas y en extremos opuestos, con la intención de que al doblarlas se peguen y quede una especie de cono. Como se ve en la segunda figura.

Ya con el cono hecho, lo ponemos en el suelo, colocamos dentro la olla y listo, tenemos una cocina solar rápido y con materiales comunes.

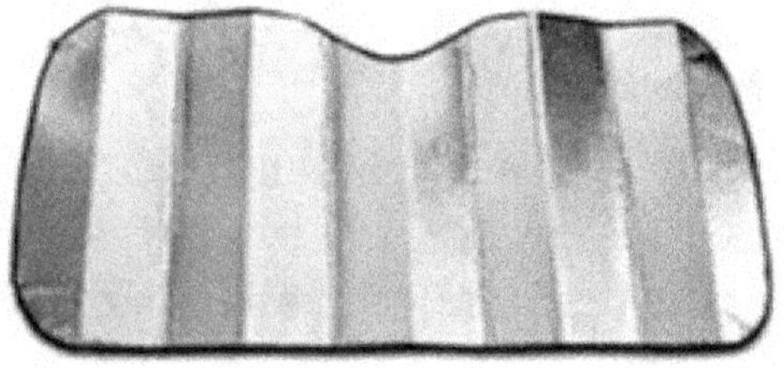

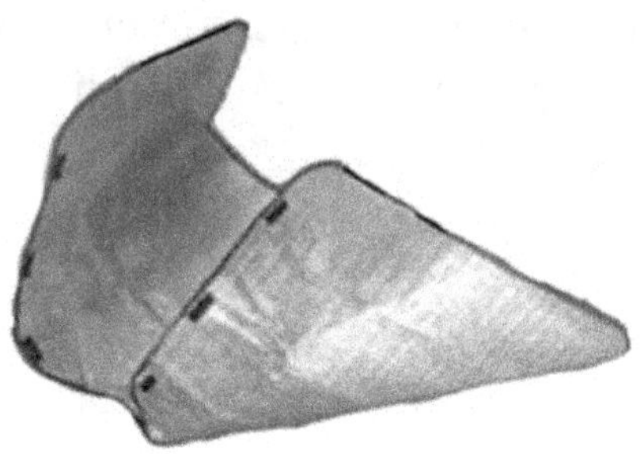

Figura 2

Una buena manera de ahorrar agua y al mismo tiempo evitar la producción de aguas negras es usar un baño Seco o Compostero.

En ambos baños no se necesita sistema de drenaje ni conexión al sumistro de agua.

El baño seco emplea una taza de excusado especial para separar la orina de las heces fecales. la orina básicamente no contamina y puede ser recolectada para ser usada como fertilizante, previamente diluida, las heces fecales por otro lado, se dejan secar en una cámara ventilada, después de un periodo aproximado de seis meses esta materia se puede usar para fertilizar árboles frutales, pero no hortalizas debido a los contaminantes que pudiera contener.

Los baños composteos no separan la orina de las heces fecales, sino que promueven su descomposición en humus, un material orgánico que sirve como abono, este tipo de baño requiere más atención en cuanto a la humedad, temperatura y ventilación, para que la materia fecal se descomponga de manera adecuada. Este tipo de baño solo requiere agua si la zona es muy seca a razón de una cubeta semanal, lo cual ahorra muchos litros en comparación al sistema tradicional.

Supervivencia en caverna

Si usted vive en un área rural, necesita un bunker y no tiene los medios económicos para construirlo, las cuevas y grutas, pueden ser de gran utilidad, si en el patio de su casa hay una gruta profunda, puede adaptarla poco a poco para servir de refugio; tiene que guardar las provisiones, medicamentos lámpara, radio, etc. Se debe limpiar de hojarascas que pueden albergar alguna serpiente venenosa, eliminar alimañas ponzoñosas y ciertos animales que pueden enrarecer el ambiente del refugio; si quiere utilizar este u otro refugio subterráneo y tiene problemas para abastecerse de agua una bomba de jarra manual y puyón es ideal (Algunas grutas tienen fuentes de agua pura).

Equipo necesario.
1. Bomba de jarra
2. Puyón 1 ¼ diam. int. de acero inoxidable filtro № 60
3. Tubo galvanizado del mismo diámetro, el necesario hasta alcanzar el manto friático.

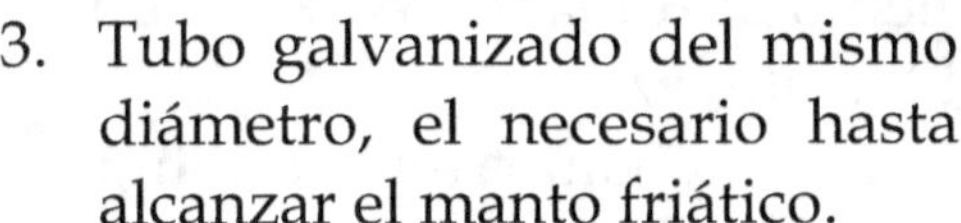
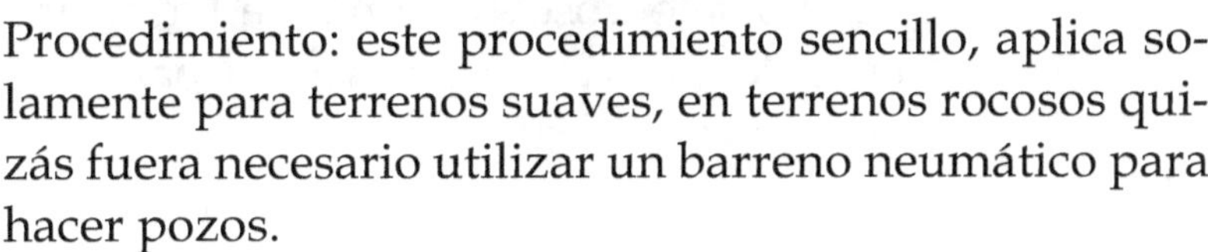

Procedimiento: este procedimiento sencillo, aplica solamente para terrenos suaves, en terrenos rocosos quizás fuera necesario utilizar un barreno neumático para hacer pozos.

Pasos a seguir cuando el terreno no es duro.

1. Se ubica el lugar adecuado en el interior de la Cueva

2. Se le pone un cople al puyón en la rosca.

3. Se entierra el puyón (protegido con un bloque de madera dura que resista los golpes, se golpea con un marro)

4. faltando cuarenta centímetros aproximadamente se quita el cople que recibe los golpes, se pone un cople nuevo y se le pone otro tramo de tubo galvanizado y de tamaño adecuado para maniobrar (los tramos que se van añadiendo deben de tener rosca en ambos extremos donde se coloca el cople usado anteriormente).

5. Dependiendo de la profundidad en la que se encuentre el manto freático se debe de seguir probando la bomba para ver si alcanza a succionar agua, de no ser así, se siguen agregando tramos de tubo hasta alcanzar este propósito, cuando la bomba extrae agua de manera fácil, es el momento apropiado de anclarla permanentemente.

6. Para fijar la bomba en el extremo expuesto se enrosca y se puede hacer una base de concreto o de madera para que asiente la bomba.

7. Si el terreno es duro se puede usar un barreno manual operado por una o dos personas; se barrena de la misma forma que cuando se instala el puyón directamente, con la diferencia que aquí se introduce cuando el pozo ya está terminado.

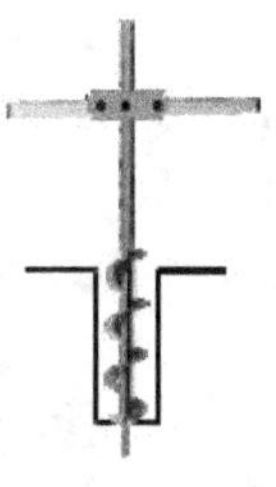

Una cueva brinda la oportunidad de conseguir alimento adicional al que se debe de almacenar, por ejemplo: raíces de árboles, hongos comestibles y si habitan iguanas, permítales seguir viviendo ya que sus huevos y carne es comestible, los murciélagos también se pueden comer; asimismo, puede haber insectos y gusanos de su región que son comestibles, los alacranes, los roedores y tarántulas también pueden servir de alimento.

Se puede utilizar barriles de lámina de doscientos litros para almacenar las heces y la orina, con un sistema ingenioso de ventilación se pueden enviar los gases hacia el exterior.

Otro problema sería el oxígeno, aunque una caverna de grandes dimensiones podría tener suficiente oxígeno para sobrevivir por algún tiempo, quizás lo necesario para poder salir al exterior.

No así cuando el refugio no obedece a una protección contra la radiactividad o el efecto de armas biológicas.

Por último, como una evidencia creíble, cabe, mencionar que las cavernas cobijaron al ser humano posiblemente en Edén y después de la salida hasta que Caín edificara la primera ciudad, mencionada en los textos bíblicos cuyo nombre fue Enoc.[4]

Es posible que hayan transcurrido cientos de años, antes de la fundación de esa ciudad, se entiende esto por los descubrimientos arqueológicos y la espeleología, asociado todo esto a la gran longevidad que existía en aquella época y que los textos referidos mencionan.

Por tanto, esto apuntala los relatos bíblicos entre ellos la ciudad de *Enoc,* lo más probable es que fuera una ciudad con casas rusticas de paredes de adobe y techumbre de paja o de otro material y en esa ciudad fue donde florecieron las artes y oficios dando fin a la vida errante del hombre de las cavernas, sin embargo, seguramente mucha gente continúo habitando en cavernas durante tiempo indefinido.

---

[4] Gen. 4:17. Y conoció Caín a su mujer, la cual concibió y dio a luz a Enoc; y edificó una ciudad, y llamó el nombre de la ciudad del nombre de su hijo, Enoc.

9 781975 654894